# Inhalt

**Der gläserne Unternehmer**

Kernthesen

Beitrag

Fallbeispiele

Weiterführende Literatur

Impressum

# Der gläserne Unternehmer

*I.Zeilhofer-Ficker*

## Kernthesen

- Das Bundesfinanzministerium hat drastische Maßnahmen angeordnet, um den Milliarden hohen Steuerausfällen durch Steuerhinterziehung einen Riegel vorzuschieben.
- Neben den üblichen Steuerprüfungen können die Finanzbeamten nun auch eine unangekündigte Umsatzsteuer-Nachschau durchführen.
- Die Außenprüfer haben das Recht, auf die Datenverarbeitungssysteme der zu prüfenden Unternehmen zuzugreifen und die darin enthaltenen Informationen auf steuerliche Ungereimtheiten abzufragen.

- Jegliche Erkenntnisse über potenzielle Steuerhinterziehungstatbestände, egal aus welchen Informationsquellen, können von den Finanzämtern weiter verfolgt werden.

# Beitrag

# Steuerausfälle in Milliardenhöhe durch Steuerbetrug

Jahr für Jahr gehen den Finanzbehörden Beträge in Milliardenhöhe durch Steuerbetrug oder Scheingeschäfte verloren. Für das Jahr 2001 schätzt man allein die Umsatzsteuerausfälle durch Schatten-, Schein- und Karussellgeschäfte auf ca. 14 Milliarden Euro. (1)

Folglich hat das das Finanzministerium diverse Vorschriften erlassen, die den Steuerbetrügereien einen Riegel vorschieben sollen. Die Pflicht zur Angabe der Steuernummer auf Rechnungen soll Karussellgeschäfte unterbinden, das Zugriffsrecht von Betriebsprüfern auf die Unternehmens-EDV die Entdeckung von steuerlichen Ungereimtheiten erleichtern, die Möglichkeit der unangemeldeten Umsatzsteuer-Nachschau ungerechtfertigte

Vorsteuerrückzahlungen verhindern. (2), (3)

Dies sind nur einige Beispiele, wie die Finanzbehörden den "gläsernen Unternehmer" schaffen wollen, um zukünftig an die ihnen zustehenden Steuern zu gelangen.

Ähnliche Bemühungen erstrecken sich auch auf die Unterbindung der Steuerhinterziehung von Einzelpersonen. Hier sind speziell die (Schwarz-)Gelder im Ausland im Visier der Steuereintreiber. So einigten sich beispielsweise die EU-Finanzminister in Bezug auf die Besteuerung von Zinseinkünften darauf, dass entweder detaillierte Kontrollmitteilungen an die heimischen Finanzämter geschickt werden, oder - in Ländern die das Bankgeheimnis beibehalten wollen - eine Quellensteuer einbehalten und zu 75 % an die Steuerbehörden des Anleger-Heimatlandes weitergeleitet wird. (3)

## Maßnahmen gegen Umsatzsteuerhinterziehung

## Steuernummer auf Rechnungen

Schon seit dem 1. Juli 2002 wird von Unternehmern verlangt, dass sie ihre Steuernummer auf den Rechnungen angeben müssen. Von dieser Pflicht ausgenommen sind nur Kleinbetriebe, die im Vorjahr weniger als 16 620 Euro Umsatz erzielt haben und im laufenden Jahr nicht mehr als 50 000 Euro umsetzen werden. Doch auch diese Einschränkung gilt nur, wenn sich der Betrieb gegen die Umsatzsteuer entschieden hat und deshalb nicht vorsteuerabzugsberechtigt ist. Sollte für das Unternehmen eine eigene Umsatz-Steuernummer erteilt worden sein, ist diese auf den Rechnungen auf jeden Fall anzugeben.

Teilte das Bundesfinanzministerium noch im Juni 2002 mit, dass das Fehlen der Steuernummer keine negativen Folgen für den Vorsteuerabzug des Rechnungsempfängers nach sich zieht, so wurde dieser Auffassung mittlerweile von der Oberfinanzdirektion (OFD) Koblenz widersprochen. Die OFD ist der Meinung, dass die Nichtangabe der Steuernummer Grund genug sei, anzunehmen, es handle sich um eine Scheinfirma oder ein Scheingeschäft.

Aufgrund der Differenzen in der Rechtsauffassung kann man nur davon abraten, die Angabe der Steuernummer auf Rechnungen zu unterlassen. Wer befürchtet, dass Unbefugte versuchen über die Steuernummer, an vertrauliche Firmendaten zu gelangen, sollte mit dem zuständigen Finanzamt schriftlich vereinbaren, dass Auskünfte nur gegen schriftliche Anfrage mit Legitimation des Antragstellers oder telefonisch unter Angabe eines vereinbarten Code-Wortes weitergegeben werden dürfen.

## Umsatzsteuer-Nachschau

Umsatzsteuer-Außenprüfungen gab es auch bisher schon neben den normalen Betriebsprüfungen. Seit dem 1. Januar 2002 dürfen Steuerbeamte auf der Basis des Steuerverkürzungsbekämpfungsgesetzes (§ 27 b UStG) eine unangekündigte Umsatzsteuer-Nachschau durchführen. Dies soll vor allem der ungerechtfertigten Auszahlung von hohen Vorsteuerguthaben vorbeugen. Die Finanzbeamten dürfen unangemeldet zur Feststellung umsatzsteuerrelevanter Sachverhalte Geschäftsräume während der normalen Arbeitszeiten betreten. Selbst Privaträume sind kein Tabu mehr - Arbeitszimmer oder ähnlich beruflich genutzte Räume dürften überprüft werden. (3), (4), (5)

Für die Nachschau sind den Steuerprüfern alle verlangten Aufzeichnungen, Bücher und

Geschäftspapiere vorzulegen und Auskünfte zu erteilen, die zur Feststellung des Sachverhaltes dienlich sind. Die aus dieser Nachschau gewonnenen Erkenntnisse können auch zur Prüfung anderer Steuerarten, vor allem der Körperschafts- oder Einkommenssteuer, sowie für die Steuerprüfung Dritter verwendet werden. (3), (5)

# Weitere Instrumente und Maßnahmen der Steuerbehörden

# Betriebsprüfungen

Gemäß §§ 193 bis 203 der Abgabenordnung (AO) muss jeder Unternehmer oder freiberuflich Schaffende mit einer steuerlichen Außenprüfung rechnen. Da die Personalkapazitäten der Finanzämter aber beschränkt sind, ist vorwiegend bei Großbetrieben davon auszugehen, dass alle Geschäftsjahre ohne zeitliche Lücken nachgeprüft werden. (6)

Bei kleineren Unternehmen kommt es durchaus vor, dass nicht alle Geschäftsjahre kontrolliert werden. Es besteht zwar kein gesetzlicher Anspruch darauf, dass

Prüfungen nur im üblichen Kontrollturnus stattfinden, grundsätzlich kann man aber davon ausgehen, dass die Häufigkeit der Steuerprüfung von der Größe des Betriebes und der Anzahl der Mitarbeiter abhängt. Liegt allerdings der Verdacht einer steuerlichen Ungereimtheit vor, wird zur Klärung des Sachverhaltes oft auch dann eine Außenprüfung angeordnet, wenn es sich um eine kleinere Firma handelt oder erst kürzlich eine Vorprüfung stattgefunden hat. (5), (7)

Grundlage einer Betriebsprüfung ist immer eine schriftliche Prüfungsanordnung, in der der Zeitpunkt der Prüfung, die zu prüfenden Steuerarten und Sachverhalte, und der Prüfungszeitraum angegeben sein müssen. Die Prüfung kann für ein oder mehrere Geschäftsjahre angeordnet werden. Bei Verdacht auf eine Steuerstraftat oder Steuerordnungswidrigkeit, sowie wenn mit erheblichen Nachforderungen oder Erstattungen zu rechnen ist, kann der Prüfzeitraum während der Außenprüfung allerdings erweitert werden. (6)

Dem Steuerprüfer muss Zutritt in die Geschäftsräume gewährt und ein geeigneter Arbeitsplatz zur Verfügung gestellt werden. Jeder Steuerpflichtige ist zur Mitwirkung verpflichtet, d. h. Auskünfte müssen erteilt, Bücher, Dokumente, Urkunden und Geschäftsunterlagen müssen vorgelegt werden. (6)

## Zugriff auf die Betriebs-EDV

Theoretisch können die Finanzämter bereits seit Januar 2002 die EDV von Unternehmen zur Steuerprüfung heranziehen (§ 147 Abs. 6 AO). Aber erst jetzt gibt es die vorher fehlenden Ausführungsbestimmungen "Grundsätze zum Datenzugriff zur Prüfbarkeit digitaler Unterlagen" (GDPdU). Dem Betriebsprüfer muss erlaubt werden, auf die Unternehmensdaten der Finanz-, Anlagen-, Lohn- und Gehaltsbuchhaltung, der Kostenrechnung und des Materialwirtschaftssystems zuzugreifen und auf CD zu laden. Diese Daten werden dann mithilfe des Prüfprogramms "Idea" kontrolliert. Eine Installation dieser Software auf das Firmensystem ist aber ebenso wenig gestattet wie das Verändern irgendwelcher Daten. (3), (8)

Da sich die Finanzbeamten mit einer Vielzahl von verschiedenen Firmen-IT-Systemen konfrontiert sehen, ist der Unternehmer zur technischen Hilfe verpflichtet. Das heißt aber nicht, dass der Betriebsprüfer alles verlangen kann. Wird der EDV-Zugriff auf Daten vor Januar 2002 verlangt, so müssen diese nur verfügbar gemacht werden, wenn der technische Aufwand dafür nicht unverhältnismäßig hoch ist und der normale Geschäftsbetrieb dadurch nicht gestört wird. (3)

Daten ab Januar 2002 müssen allerdings wie Unterlagen in Papierform 10 Jahre aufbewahrt werden und für Auswertungen verwendbar sein. Jeder Betrieb sollte auch sicherstellen, dass spezielle Schutzprogramme installiert sind, die den Steuerprüfer auf das Lesen, Filtern und Sortieren der Daten beschränkt. Zur Nachvollziehbarkeit sollte außerdem automatisch protokolliert werden, auf welche Daten der Prüfer zugegriffen hat. Möchte der Betriebsprüfer Daten oder Kopien von Unterlagen mitnehmen, so sollte der Erhalt dieser unbedingt quittiert werden. (3), (5), (9)

## Kein Outsourcing der Buchhaltung ins Ausland erlaubt

Im § 146 Abs. 2 der AO ist klar festgelegt, dass die "Bücher und die sonst erforderlichen Aufzeichnungen im Geltungsbereich des Gesetzes (also BRD) zu führen und aufzubewahren sind". Diese Vorschrift lässt den Bemühungen von vielen multinationalen Unternehmen, ihre Buchhaltung in Länder mit geringeren Kosten zu zentralisieren, kaum eine

Chance. Da die rechtlichen Vorschriften dazu klar und eindeutig sind, wird ein ganz- oder teilweises Outsourcing der Buchhaltung ins Ausland nur in sehr wenigen Härtefällen tatsächlich genehmigt.

Der Hauptgrund für diese rigide Vorschrift ist, dass die Besteuerung keinesfalls beeinträchtigt werden darf. Den Finanzbehörden muss es jederzeit möglich sein, auf alle steuerlich relevanten Belege und Unterlagen zuzugreifen. Das ist mit einer Buchführung im Ausland nicht gewährleistet und deshalb generell untersagt.

# Fallbeispiele

Das Buch "Digitale Betriebsprüfung - eDatenzugriff der Finanzverwaltung" behandelt nicht nur die verfahrens- und systemtechnischen Anpassungszwänge der GDPdU sondern auch die sonst üblichen Grundsätze der ordentlichen, elektronischen Buchführung. (11)

Die Cronos Unternehmensberatung unterstützt Unternehmen, die ihre Buchhaltung über SAP-Systeme abwickeln. Man kann drei

Unterstützungspakete ordern, die den Datenzugriff und die Datenextraktion für den Betriebsprüfer ermöglichen und auch bei der 10-jährigen Aufbewahrung der steuerrelevanten Daten Unterstützung bieten. (8)

Die Finanzbuchhaltungssoftware "FB1000" von Parity Software wird im Rahmen der Wartungsverträge kostenlos auf den durch die GDPdU geforderten Datenzugriff aufgerüstet. (8)

Das Programm Lexware buchhalter Plus 2003 bietet einen Betriebsprüfermodus über den steuerrelevante Daten abgerufen werden können. (12)

Auch die Lohnbuchhaltungssoftware Exact Pro Lohn XL/XXL erlaubt den digitalen Prüferzugriff und bereitet die Steuerdaten so vor, dass sie direkt über Idea geprüft werden können. (13)

## Weiterführende Literatur

(1) Entwicklung des Umsatzsteueraufkommens und finanzielle Auswirkungen neuerer Modelle bei der Umsatzbesteuerung
aus ifo Schnelldienst, Heft 6/2003, S. 29-37

(2) Blumberg, Christel, Spähattacke auf Firmen - Mit zwei neuen Marschbefehlen an die Finanzämter will

Hans Eichel gegen Umsatzsteuerbetrug vorgehen. Wem was droht, Impulse vom 01.04.2003, S. 126
aus ifo Schnelldienst, Heft 6/2003, S. 29-37

(3) Im Visier der Ermittler
aus Consultant Steuern - Wirtschaft - Finanzen, Heft 03/2003, S. 26

(4) Scharlach, Heiko, Berater müssen sich wappnen, Consultant Steuern - Wirtschaft - Finanzen, Heft 03/2003, S. 32
aus Consultant Steuern - Wirtschaft - Finanzen, Heft 03/2003, S. 26

(5) Berater müssen sich wappnen
aus Consultant Steuern - Wirtschaft - Finanzen, Heft 03/2003, S. 32

(6) Wie das Finanzamt zu seinen Informationen kommt
aus Betrieb und Wirtschaft, Heft 6/2003, S. 232-235

(7) Wenn der Steuerprüfer kommt
aus Versicherungswirtschaft, 15.1.2003, 58.Jg., Nr. 02, S. 119

(8) ERP-Systeme an gesetzliche Rahmen anpassen - Finanzbehörden prüfen elektronisch, COMPUTERWOCHE Nr. 04 vom 24.01.2003, S. 21
aus Frankfurter Allgemeine Zeitung, 05.03.2003, Nr. 54, S. 19

(9) SAP-Anwender haben die Anwendbarkeit der

GDPdU-Bestimmungen ausgelotet - Das Gesetz fordert Unmögliches, COMPUTERWOCHE Nr. 1/2 vom 10.01.2003, S. 30
aus Frankfurter Allgemeine Zeitung, 05.03.2003, Nr. 54, S. 19

(10) Gesellensetter, Catrin / Rübartsch, Melanie / Wenzl, Ursula / Groos, Michael / Wolf, Thomas, Zinssteuer - Jagd eröffnet, FOCUS-MONEY, 30.01.2003, Ausgabe 6, S. 84 - 89
aus Frankfurter Allgemeine Zeitung, 05.03.2003, Nr. 54, S. 19

(11) Hentschel, Bernd, Literatur - Digitale Betriebsprüfung - eDatenzugriff der Finanzverwaltung, Betriebswirtschaftliche Blätter, Januar 2003, Nr. 01, S. 50
aus Frankfurter Allgemeine Zeitung, 05.03.2003, Nr. 54, S. 19

(12) Scheuklappen für Betriebsprüfer, ProFirma, Heft 04/2003, S. 54
aus Frankfurter Allgemeine Zeitung, 05.03.2003, Nr. 54, S. 19

(13) Scheuklappen für Betriebsprüfer
aus ProFirma, Heft 04/2003, S. 54

# Impressum

## Der gläserne Unternehmer

### Bibliografische Information der deutschen Nationalbibliothek

Die Deutsche Nationalbibliothek verzeichnet diese Publikation in der deutschen Nationalbibliografie; detaillierte bibliografische Daten sind im Internet über http://dnb.d-nb.de abrufbar.

ISBN: 978-3-7379-1171-9

© 2015 GBI-Genios Deutsche Wirtschaftsdatenbank GmbH, Freischützstraße 96, 81927 München, www.genios.de

Alle Rechte vorbehalten. Dieses Werk ist einschließlich aller seiner Teile – z.B. Texte, Tabellen und Grafiken - urheberrechtlich geschützt. Jede Verwertung außerhalb der Grenzen des Urheberrechtsgesetzes bedarf der vorherigen Zustimmung des Verlags. Dies gilt insbesondere auch für auszugsweise Nachdrucke, fotomechanische Vervielfältigungen (Fotokopie/Mikroskopie), Übersetzungen, Auswertungen durch Datenbanken oder ähnliche Einrichtungen und die Einspeicherung und Verarbeitung in elektronischen Systemen.